Ulrike Haage / Ulrike Voswinckel

EXAKTE VISION

Helen Hessels „Jules & Jim“

Erste Auflage 2004

Photos und Originaltexte mit freundlicher Genehmigung
der Carlton Lake Collection,
Harry Ransom Humanities Research Center,
The University of Texas at Austin,
Ulrike Voswinckel, Stéphane Hessel

Gestaltung: Dominique Guglieri
Druck: Koninklijke Wöhrmann

ISBN 3-88030-042-9

Sans Soleil
POB 190136
53037 Bonn
www.sanssoleil.de

Ulrike Haage / Ulrike Voswinckel

EXAKTE VISION

Helen Hessels „Jules & Jim“

SANS SOLEIL

Personen der Handlung:

Helen Hessel Grund	*Tagebuchstimme*
Helen	Dialogstimme/Briefe
Helen	Visionen
Franz Hessel	
Pierre Roché	
Bobann	Helens Schwester
Fanny	Helens Freundin
Koch	Archäologe, Freund von Franz, Pierre und Helen noch aus der Pariser Zeit, glühender Verehrer Helen Hessels

Du bist der Riese, der mich von einem hohen Felsen aus ins Meer geworfen hat – ich bin ganz tief unter Wasser. Wenn das Tagebuch fertig ist, wird es geschehen,

dass mein Kopf die Wasseroberfläche durchstößt,
dass ich schwimmen werde,
und dass ich den Himmel wiedersehe.

3. September 1919
Lieber Pierre,
Franz braucht Sie. Kommen Sie so schnell wie möglich. Die Situation ist verworren – nicht verzweifelt, aber immerhin. Wir suchen nach Möglichkeiten, das zu ändern; das geht zeitweilig, doch wir finden keine Lösung. Er ist so ein wunderbares Wesen – wie ein eingeschlafenes Buch, oder tot, vielleicht können Sie ihn aufwecken. Ich nicht. Ich meinerseits möchte Ihnen mein ganzes Durcheinander erzählen und alles andere, und wenn Sie als Feind kommen, fordere ich Sie zum Kampf heraus.
Bonne chance. Helen

Fanny: Das Spiel der indiskreten Fragen.
Helen: Welchen Gesichtszug liebt ihr am meisten im Gesicht eurer Geliebten?
Franz: Das archaische Lächeln.
~~Fanny: Ach, Helen.~~
Franz: Das gilt für beide, an die ich denke.

Ich bin beleidigt, denke an Renée.

Franz: Haben deine allernächsten Wünsche mit Liebe zu tun?

Helen: Ja.

Franz: Es geht um sexuelle Liebe.

Helen: Ich weiß.

Fanny: Ich kenne doch Helen.

Revanche. Ich bin zufrieden. Alle stellen sich vor, dass es Pierre ist, an den ich denke. Die Stille ist mir peinlich.

Hohenschäftlarn, Dienstag 10. August 1920
Franz in München.
Weißes Kleid, ein Kind an jeder Hand. 5 Uhr. Der Zug kommt an. Ist das Pierre? Ich erkenne ihn nicht wieder. Ich weiß genau, dass er es sein muss. Er kommt näher, blass, lächelnd. Die langen Arme noch länger durch zwei Koffer, die wie Gewichte daran hängen. Wann werden seine Arme frei sein?
On se serre la main. Ich schaue ihn kurz an und freue mich darauf, ihn später richtig in Augenschein zu nehmen.

Die Erdkugel. Skandinavien. Die Köpfe von Helen und Pierre s'embrassent. Die Füße am Südpol. Die vier Arme umschließen die ganze Welt, die herumwirbelt.

Pierres Kopf erscheint an einem Fenster, das wir noch nie geöffnet haben. La tête de Pierre au milieu.
Toute la maison vivante. Il est comme moi.
Er ist wie ich. Schöne Neugierde. Ich verstehe, dass Franz uns beide liebt.
Mais, but, aber: Wenn sie wieder anfangen, in meiner Gegenwart miteinander zu reden, als gäbe es mich gar nicht, könnte ich mich

hier nicht durch einen Sprung in die Seine rächen. Dann muss ich etwas anderes erfinden, um ihnen Angst zu machen.
Pierre liest aus seinem „Don Juan" vor, den Franz übersetzen wird. Pierre lässt mich ein Kapitel aussuchen. „Don Juan et la Passante". Erst schüchtern, dann liest er wundervoll. Ich bin stolz auf Pierre, als würde ich ihn den anderen vorzeigen.

Helen: Bobann, wie stellst du dir Don Juan vor?
Sie beschreibt Stiefel, mittlere Größe usw.
Bobann: Und du?
Helen: Ich habe keine Phantasie. Ich stelle ihn mir vor wie Pierre, wie den Autor. Tout à fait.

Dimanche 15 août
Pierre bekommt ein Telegramm. Er fährt um 2 Uhr mit Bobann nach München, um Carl Sternheim zu treffen. Abends Koch, Franz und ich auf der Matratze. Die Tür ist offen, großartige Nacht. Koch erzählt. Traurig, sein Leben. Traurig, mit diesen beiden Männern zusammen zu sein, die nicht interessiert sind. Es scheint mir, dass viel Zeit verfließt. Dass die Erde sich dreht. Traurig, Franz und ich. Allein.
Grande mélancolie.

Dienstag 17. August
After Dinner. On cause. Ich trödele herum. Brusquement sage ich zu Franz:
Helen: Wir gehen jetzt spazieren, Pierre und ich.
Auf dem Weg, ich fühle mich gut, erzähle. Keine Schwierigkeit zu sprechen. Über die Landwirtschaft, die ich im letzten Jahr

in Pommern lernen wollte, über die Ehe mit Franz.

Pierre: D'ailleurs, il est un saint. Franz ist ein Heiliger.

Helen: Er hat mich allein gelassen. Er hat es nicht begriffen, als ich ihn das erste Mal betrogen habe. Er schaut nie hin. Er möchte, dass ich glücklich bin, sogar wenn ich ihn betrüge. Unsere Ehe war auf der Idee von Treue aufgebaut.

Ich hasse es, wenn er mich alles machen lässt.

Ich mache manchmal blöde Dummheiten, vielleicht um ihm ein Schauspiel zu bieten. Au fond je l'aime beaucoup. Aber ich brauche Leben und Bewegung.

J'ai eu un tas d'amants.

Eine Menge Liebhaber ... Vielleicht übertrieben.

Pierre: Sie haben mich ganz unsicher gemacht.

Helen: Ich weiß warum. Ich will etwas von Ihnen.

Ich will, dass Sie vollkommen schön sind. Perfekt. Das ist es, was ich denke.

Helen: Wenn ich ein Mann wäre, wäre ich wie Sie.

Er beginnt, von Liebe zu sprechen. Ich bin überrascht. Ich frage mich, ob ich richtig gehört habe. Warum erfindet er etwas? Ich muss lachen.

Helen: Ich glaube Ihnen nicht.

Ich sage, dass ich schrecklich bin in der Liebe.

Pierre: Das geht Sie nichts an.

Wir sind auf einem steilen abschüssigen Weg mit vielen Steinen. Die Sterne zeigen mir die Richtung an.

Ich will ihn nicht lieben. Ich liebe ihn auch gar nicht. Ich zweifle an allem, was er sagt. Ich bin darauf überhaupt nicht vorbereitet. Je suis une femme seule. Wir verstehen uns, wir wollen gegen diese Versuchung ankämpfen. Um so besser, wenn wir sie töten.

Im Garten. Dunkel unter den Bäumen. Seine sanfte Stimme.

Pierre: Ich habe Sehnsucht, ich werde mich die ganze Nacht nach Ihnen sehnen. Ich möchte mit Ihnen zusammenbleiben, rauchen, endlos weiterreden im Kerzenschein.

Wir treten aus dem Schatten heraus. Franz erwartet uns auf dem Balkon. Wir erzählen fröhlich. Franz ist ein bisschen nervös. Hat er etwas gesehen?

Franz: Eh bien, c'était joli?

Helen: Du glaubst, dass wir geflirtet haben. Du irrst dich. Aber er ist charmant, dein Pierre.

Je n'ai encore jamais résisté à une tentation. Ich habe noch nie einer Versuchung widerstanden.

Ich stelle den Spiegel auf. Schaue mich lange an – meine Hässlichkeit, suche nach anziehenden Punkten. Kritik: meine Haare – verdorben durch weiße Strähnen.

Meine Haut – faltig, verbraucht, ohne Frische.

Meine Stirn – wie von einem Mann, muss sie verstecken.

Meine Ohren – wie von einem Tier. Ich decke sie schnell zu. Mache sie wieder frei. Es sind die Ohren meines Großvaters. Ich imitiere seinen Gesichtsausdruck. Ich mache mir selbst Angst: Er ist es im Spiegel und schaut mich strafend an.

Meine Augen – ich liebe sie zärtlich. Meine schönen Augen. Ich beuge meinen Kopf rückwärts, um die Lider zu sehen, die die Augen ganz rund bedecken wie auf den Fotos von Theseus.

Die Nase – verdammtes altes Ding. Aber da sie geliebt wird, verzeihe ich ihr.

Der Mund: Das bin ich, kann ich nicht beurteilen. Er ist für mich genauso gefährlich, geheimnisvoll, ein Versprechen wie die Zukunft,

die schon in mir steckt. Die Zähne – so viele Mängel. Bräuchten eine komplette Operation.
Das Kinn – zu groß, vulgär. Der ganze Kopf ist zu groß. Ich bin die hässlichste Frau von allen, die ich kenne.
Der Spiegel lügt ! Hinter all dem Hässlichen bin ich in Wirklichkeit schön.

Mittwoch, 18. August
Idee, heute Abend nach Starnberg zu wandern. Man packt den Rucksack. Vorfreude. Ich ziehe die Leinenkorsage an, grauen Rock, schwarze Schuhe. Fanny als Lady verkleidet, Seidenkleid, weiße Schuhe. Franz nimmt Aspirin, fühlt sich miserabel. (od. engl. miserable)
Der See. Schöne entourage für Pierre und mich. Wir suchen einen Platz zum Baden. Fanny hilft mir, mich auszuziehen. Vitesse, Tempo. Ich bin das Zentrum, alles dreht sich um mich. Die Männer neugierig. Fanny hat Angst um mich. Sie denkt sich die Gefahr aus. Pierre prüft das Wasser.

Helen: Laissez-moi passer!

Das Wasser ist lauwarm. Das Meer? Ich breite meine Arme weit aus. Mein Wasser. Tendresse. Ich bin am Leben. Je suis dans le vrai. Sie werden sich langweilen ohne mich, die anderen. Ich entferne mich ein bisschen, dann vergesse ich die anderen und schwimme nur für mich allein. Die Sterne im Wasser gleiten durch meine Finger ... Mein Körper im Wasser, mein Kopf im anderen Element, das mich ganz umgibt. Exaltation de l'infini. Sicherheit, niemals zu sterben. Das Wasser kann mich nicht umbringen.

Eine Scheune. Wir könnten darin schlafen. Viele Nächte noch vor uns. Im Wald. Keine Zigaretten. Ich zünde Pierres Pfeife an. Mit gesenkten Augen.

Pierre: Je baise tes yeux./Ich küsse deine Augen.

Choc ... Meine Knie werden weich.

Fanny redet dummes Zeug. Sie essen Schokolade. Wegen unserer Küsse, die nicht zu überhören sind. Ich schäme mich kein bisschen. Unsere Arme, unsere Beine, unsere Münder, seine Kraft, sein Atem, sein Geruch. Ich vermische mich mit ihm, er vermischt sich mit mir. Je suis dans le vrai, ich bin am Leben, Vagabundin – frei – altersIos. Ich rauche Pierres Pfeife. Er legt seinen Kopf auf meinen Schoß.

Helen: Ich weiß nicht, ob ich Sie liebe. Ich bin ganz ruhig.

Ich erzähle, dass Franz gesagt hat:

Franz: Ich kann mich nicht darüber aufregen, dass du jeden August nächtliche Spaziergänge mit einem meiner Freunde machst ...

In einem Hotel. Ein Koffer mit einem komplizierten Schloss und einem komplizierten Schlüssel. Der Schlüssel ist verloren gegangen. Wir rufen den garçon. Schläge an der Tür. Er öffnet zum Erstaunen aller Anwesenden den Koffer mit einem simplen Stück Draht.

Jeudi 19 août

Koch kommt an. Wir erzählen von der Nacht am Feuer.

Helen: Warum kommen Sie nicht mit uns? Es ist so schön.

Koch: Ich gehe lieber schlafen, wenn es Nacht wird, und stehe morgens früh auf.

Helen: Aber das ist ziemlich langweilig, nicht?

Ich will, dass Koch auch spielt. Egal, ob er daran zugrunde geht.

Ich ziehe meinen Fuchspelz über den roten Pyjama. Weißes Tuch. Setze mich auf den kleinen runden Tisch in der Ecke des Esszimmers. Pierre und Franz sitzen vor mir auf der Matratze, lächeln, schauen mich an.

Franz oder Pierre oder beide:
Notre géneral est bien beau ce soir./Unser General sieht heute Abend ganz schön aus.

Niemand kann so lieben wie ich. Die Liebe umgibt mich wie ein Duft. Zum Dank liebt man mich in allen möglichen Figurationen. L'Indépendante, mich, die Unabhängige, die nur sich selbst verantwortlich ist, rein – und frivol.

Je te gobe
je te love
je te feel
je te like
je look at toi
sans flinching

Helen: Tu m'aideras?/Hilfst du mir?
Pierre: Toujours./Immer.
Helen: Tu m'aimes?/Liebst du mich?
Pierre: Jusqu'à ma mort./Bis zum Tod.
~~Helen: Horreur./Ein Horror.~~

Pierre. Wir umarmen uns. Er schaut mich an: Ich bin mir schmerzlich meiner Hässlichkeit bewusst. Gefühl von Fehler und

Betrug. Bemühe mich, daran zu denken, dass das die Liebe nicht verhindert. Ich schaue ihn an. Was für ein Anblick – ein Mann, den ich nicht kenne. Er sagt zärtliche Worte.

Pierre: Mon ange – chérie. Mein Engel –

Sein Mund, seine Zähne. Kopf eines Gottes, eines Dämons, eines Tieres. Die Augen weit offen. Er ist verrückt, seine in Unordnung geratenen Haare bedecken seine Stirn. Keine Spur von Intelligenz mehr. Ein irrer Gott, vom Glück gefoltert, trunken, – il est moi – er ist ich – ich lächle mich an, indem ich ihn anschaue:

Helen: Tu es beau.

Pierre: Tu es belle.

Helen: C'est pour ça que je vis.

Je suis heureuse, encore heureuse, encore.

Freitag, 20. August

Aufwachen – Träumereien: Pierre. Désir. – Ich will nicht nachgeben. Ich errichte eine Mauer gegen ihn mit den Dingen, die ich lächerlich oder medioker an ihm finde. Franz neben meinem Bett.

Helen: Glaubst du, dass Pierre mich ein bisschen liebt?

Franz flüchtet aus dem Zimmer.

Pierre frühstückt schnell, bevor er abfährt nach München. Kühles adieu, konventionell.

Pierre: Lasst euch nicht stören.

Ich gehe in das Zimmer von Franz, noch bevor Pierre gegangen ist. Ich muss sofort etwas tun. Tisch nach draußen. Ich ändere meinen weißen Pyjama. Intensive Arbeit, schnell. Ich schneide zu auf gut Glück. Das geht. Fanny will mir helfen. Sie tut es ängstlich, muss alles noch mal machen. Kein Genie. Abends beim Ausziehen: Plötzlich Angst – Was macht er gerade – Pierre? Ich kämme mich, ziehe den Pyjama an – schaue in den Spiegel, finde mich attraktiv. Ich habe eine solche Überfülle von Dingen, die ich ihm erzählen will, zeigen will. Das war erst die winzige Andeutung eines Anfangs. Ich bin nicht mehr besorgt.

The joy of toi – plus tard –
dans meinen Armen
Je kiss your bouche.

Pierre am Gartenzaun. Ich laufe in seine Arme. Er soll mich verschlingen! Ich möchte in ihn eindringen wie ein Blitz in einen Berg, ins Wasser, in einen Baum, in die Erde. Nicht von oben in seinen Kopf – ich möchte aufrecht in ihm sein.

Sonntag, 22. August
Pierre erzählt, dass seine Mutter mich hassen würde. Dass sie ihn nicht als Mann einer Frau sehen will, die ihn sinnlich verführt. Was will er denn? Mir seine Grenzen zeigen? Hat er Angst, dass ich ihn heiraten will? Ich habe gar keine Lust dazu. Aber er will nicht, das ist eine Herausforderung. Ça ne va pas dans l'infini. Er ist vorsichtig. Ich, freie Abenteurerin, finde das beklagenswert. Das ist total ungleich.
Commence la bataille./~~Der Kampf beginnt.~~
Ich bin neugierig, wie weit ich Kochs Leidenschaft treiben kann.

Montag
Im großen Zimmer. Ich umarme Pierre, ich tanze, werfe die Beine hoch. Franz sagt:

Franz: Be careful.

Pierre will wissen, warum.

Franz: Sie ist stärker als wir alle.

Im ersten Stock. Ich habe den Fuchspelz auf meinem Kopf. Koch im Schaukelstuhl. Pierre auf dem Bett von Franz. Ich auf dem Boden. Wir sprechen über die „Bonbonniere“, wo ich gern als Tänzerin auftreten würde. Pierre sagt, er würde auf mich setzen wie auf ein gutes Pferd.

Pierre: Wenn sie will, wird sie Erfolg haben.

Ich höre meine Stimme, die sagt:

Helen: Ich will.

Koch zweifelt daran, dass man in meinem Alter mit dem Tanzen beginnen kann.

Pierre: Sie war ihr ganzes Leben lang Schauspielerin.

Koch: Man soll nicht gleich mit dem Gedanken an Erfolg anfangen.

Helen: Man soll nur mit dem Gedanken an Erfolg anfangen.

Ich mag gern, wie die Stimmen von Pierre und Koch sich über mir kreuzen, wie Telegrafendrähte mit verschiedenen Stromstärken.

Dienstag.

Fanny: Also, du bist verliebt in Pierre?

Helen: Ich fürchte, ja.

Fanny: Um so schlimmer für ihn. Er wird leiden.

Helen: Und ich?

Fanny: Du, nein, du nicht. Du hast kein Herz.

Mittwoch

Fanny: Bist du krank?

Helen: Non.

Fanny: Du bist unglücklich.

Helen: Oui.

Fanny: Wegen Pierre?

Helen: Hm.

Fanny: Lässt er dich leiden?

Helen: Oui.

Fanny: Was tut denn der Unmensch?

Helen: Il préfère Bobann.

Fanny: Ach, ich wusste es doch. Du bist so blöd wie alle Frauen. Bobann hat mir alles erzählt. Sie ist ebenso wütend wie du. Er hat genau dieselben Sachen zu ihr gesagt wie zu dir. Dass er ein Kind von ihr möchte, dass sie die einzige Frau sei, mit der er sich das vorstellen könnte. Dass er bei ihrem Anblick schon gewusst habe, dass er nicht sterben könnte, ohne sie nackt in den Armen gehalten zu haben ... Lass ihn sein, diesen französischen Don Juan. Er ist es gar nicht wert. Erst warst du es, dann Bobann, als nächste komme ich dran.

Ich bin vollkommen wach und aufmerksam, objektiv und interessiert. Als ob alle meine Kräfte, die ich zum Spielen geschickt hatte, an einen inneren Faden gebunden wären. Wenn ich an dem Faden ziehe, kommen sie zu mir zurück. Ein Geräusch wie von einer Tür, die gut schließt. C'est amusant. Diese Situation muss man auskosten. Muss sofort Pierre sehen.

Don Juan et les deux sœurs. Don Juan und die beiden Schwestern.

Helen: War es nett, Bobann zu küssen?

Pierre hat noch keinen Verdacht. Er lächelt.

Helen: Und du könntest nicht sterben, ohne sie in deinen Armen gehalten zu haben?

Sag mir, war sie éblouissante?

Ich beobachte ihn. Er hat verstanden. Er sieht angespannt aus, es ist ihm peinlich, er ist nervös, unsicher. Ich schaue ihn mitleidslos an. Ich habe gewonnen. Er ist schwächer als ich. Stolz auf meinen Sieg.

Pierre: Ich erklär's dir später. Sofort, wenn du willst. Sag mir alles, was du wissen willst. Ich kann auf jede Frage antworten.

Er spielt, als ob ich ein kindlicher Partner wäre, mit dem man schummeln kann. Ich bewundere, wie er kein Argument zu seinen Gunsten auslässt. Wie ein Mosaik rund um das Wesentliche, das ausgespart wird.

Pierre: Vielleicht habe ich auch ein bisschen mit ihr geflirtet, weil ich an dich gedacht habe. Nicht nur natürlich – sie war sehr charmant.

Ich habe nicht das Gefühl, dass mich das etwas angeht. Ich finde, es ist das perfekte klassische Plädoyer, altmodische Komödie.

Don Juan et les deux sœurs.

Pierre: Ich wußte, dass ich viel riskiere. Aber ich habe es trotzdem gemacht.

Commence la bataille.

Der Mond. Ich rolle mich in meine weiße Decke ein. Pierre und ich im Garten. Ich muss Koch verführen. Wie mühsam! Ich bin wütend auf Pierre, dass er mir soviel unnötige Arbeit macht. Vision exacte, froide. Muss nur noch den Ort aussuchen. In Kochs Zimmer? En plein air? Unbequem, aber notwendig.

Pierre legt seinen Arm um meine Schulter. Ich fühle nichts. Je ne ressens rien. Er spricht. Ich höre nicht. Er küsst mich. Immer noch nichts. Ich küsse ihn auch. Aucune sensation. Mehr. Ich werfe mich an seine Brust, er hält mich ganz fest. Nichts. Anästhesie.

Ich möchte weinen vor Enttäuschung, dass all das vorbei ist: die Verwirrung, die Freude, die Erregung.

Helen: Gehen Sie weg, Pierre.

Pierre: Also ist es aus?

Helen: Oui.

Er nimmt seinen Mantel und zieht ihn überstürzt an. Er ist blass, ausgelöscht. Er geht zur Tür.

Helen: Pierre.

~~*Ein Windstoß. Er ist es, ich bin es, mein Herz schlägt wieder. Wie stark er ist, brutal. Er behandelt mich wie einen Gegenstand, wirft meinen Kopf nach hinten. Seine Knie tun mir weh, er schüttelt mich, er ist aus Eisen. Ich ersticke, es hört nicht auf. Er ist über mir, der göttliche Jupiterkopf, — ich finde ihn wieder, erkenne ihn, ich schreie vor Freude ....*~~

~~*Ich frage mich nicht mehr, ob ich ihn liebe.*~~

Pierre: Helen.

One-step.
Zieh mich im Rhythmus der Musik aus. Freude am Rhythmus. Ich werfe meine verschiedenen Kleidungsstücke auf den Diwan, eins nach dem anderen. Eine hübsche Nummer, sich ausziehen und wieder anziehen.
Ich bin vor dem Spiegel, die Schnelligkeit der Bewegungen gefällt mir.
Nackte Beine. Im Hemd.
Es fällt. Aus.
Schrecklich.
Unmögliche Figur.
Die Brüste. Schmerz und Hass. Man müsste sie wegnehmen lassen.
Einen Arzt finden.
Ich bedecke sie. Schnüre sie zusammen. Das würde viel verbessern.

Lust, ein Mann zu sein. Ich lasse meine Schultern spielen. Ich wäre schön wie Herakles. Ich wäre stark wie ein Stier.
Der Bauch. Die Narbe. Die Haut am Bauch.
Auch wenn sie hässlich ist, würde ich mich nicht von dieser Haut trennen, die Falten wirft wie eine Oberfläche des Wassers, wenn eine Brise darüber streicht.
Meine Beine, zu muskulös. Nicht fein. Vulgär. Und Haare drauf.
Meine Arme, zu dick. Vulgär.
Meine Hände. Denk an die linke, du bist ich – und die andere ist brauchbarer, aber ich liebe dich sehr.
Ich bin decouragiert, müde, verzweifelt.
Eine Riesenarbeit wird nötig sein, um mit diesem schäbigen Material etwas anzufangen. Jede kleine Verkäuferin wäre besser ausgerüstet.
Ich packe den Pyjama wieder aus. Ich lege ihn vor den Spiegel.
Die Bewegung kommt mir schön vor.
Die Musik.
Ich mach's noch mal. Encore.

Je te regarde
Je te veux
Je te prends
Je sleep sur ton epaule
Good night

Pierre geht ungeheuer respektvoll mit seinem Geschlecht um, Manchmal ärgert er sich über dessen Selbständigkeit, er konstatiert seine Bewegungen, er gehorcht ihm, wenn es möglich ist, aber son sexe est aveugle – das Geschlecht ist blind, hat keinen Blick für die praktischen Möglichkeiten.

Helen: Ton sexe c'est ton Dieu, it is your God.

Ich will nicht genauer darüber nachdenken. Gegenwart eines Dritten. Er schläft jetzt.

Die Erde dreht sich. Die Lampen sollen sich auch drehen. Ich setze sie in Bewegung.
Lust zu pfeifen. Lust, müde zu sein.

Pierre et moi – König und Königin besuchen eine Irrenanstalt.

Mittwoch, 1. September
Franz bringt mir die Post ans Bett. Die Schrift von Pierre – élan de désir – joie – excitation directe. Er schreibt:

Pierre: Ich bin fast krank, weil ich nicht bei dir bin. Wenn es heute Abend einen Zug gäbe, würde ich ihn nehmen. Ich möchte lieber nicht wissen, ob du mit Wätgen oder Branca geschlafen hast.

Enttäuschung. „fast krank" „hätte", „wenn es einen Zug gäbe", wenn und aber –

Der Vorhang fällt. Pause. Leiden.

Franz: Hast du einen schönen Liebesbrief bekommen?
Helen: Nein, nicht schön.
Franz: Du bist schrecklich. Ich kann mir vorstellen, wie du die Briefe gelesen hast, die ich dir geschrieben habe. Man ist unschuldig, man liebt, man gibt sich in aller Einfachheit – und da kommst du und suchst die Fehler. Ich werde Pierre Ratschläge geben, wie er Helen schreiben soll. „Angebetete Helen ..."

Erinnerung: Vierzehn Tage nach der Hochzeit.
Franz sagte: Ich habe ein kleines Gedicht für dich gemacht.

Franz: „Verzeih mir, Liebchen
und hab Erbarmen,
dass ich nicht gestorben bin
in Deinen Armen."

Ich springe in einen Spiegel und finde dahinter einen Raum, der sich öffnet.
Franz: Wir wollten allerlei Praktisches unternehmen, aber eigentlich haben wir noch nichts getan, nur wie die Blinden miteinander geredet und uns angesehen wie Taubstumme. Immerfort wechselt Tag und Nacht, und unser Gespräch nimmt kein Ende. Immer wieder sind unsere Finger vertraulich miteinander. Oh, ich bin wund wie nach einer Geißelung. Innen tropft es mir von den Wänden und fließt wie Blut und Honig. Das ist eine große Flut mit Schönheit und allem Schlamm und Scherben. Wir spielen, ohne es zu wollen, das Spiel aus unserer Kinderzeit, bei dem man sich wechselseitig mit Blicken kleinkriegt und der eben Geduckte, Demütige sich zur Größe erhebt, und so überwachsen wir einander im Wechselspiel und können nicht enden und nicht auffliegen. Manchmal ist mir wie Meleager, wenn sein Scheit verschwenderisch aufbrennt. Ich bin jenseits von froh und traurig. Jeder Winkel trifft mich wie Strahlen oder Pfeile.

Dimanche 19 septembre
Regnerisches Wetter. Wind. Spät aufgewacht. Die Tage in Hohenschäftlarn sind so wie „Tage an Land" für die Matrosen.
Helen: Ich werde euch „Penthesilea" vorlesen.

Auf dem Fensterbrett. Pierre neben mir. Ich fange an:

Helen: Odysseus ...

Amour brûlant für die Form, die das Sein bestimmt. Penthesilea, rastlos, verlangend, alles aufs Spiel setzend, essayant – trouvant – gejagt und jagend. Das betrifft mich rundherum – diese Kraft, die Schönheit ist. Wunsch, Pierre das verständlich zu machen. Es geht um große Dinge – es ist ganz wichtig, dass er versteht. Ich bin es, die da mit ihm spricht, ich muss ihm das klar machen.

Ich lese mit großer Leidenschaft – lange.

Helen: Habt ihr verstanden?

Franz: Du hast zu schnell und zu emphatisch gelesen.

Koch: Ja, wie eine Schauspielerin.

Verzweiflung darüber, schwach und ohne Einfluss zu sein, wenn ich mich ganz hingebe. Ich bin verwirrt wie von einer Verletzung.

Pierre: Im Gegenteil. J'adore sa manière de lire. Ich habe alles verstanden.

Er hat keine Macht über mich, sage ich vor mich hin wie ein Motto, und wenn ich diese Lüge zu meinem Schutz oft genug wiederhole, werde ich wieder frei sein.

„Dass ich mit Flügeln weit gespreizt und rauschend, Die Luft zerteilte ...“ – „Küsse, Bisse, das reimt sich, und wer von Herzen liebt, kann schon das Eine für das Andre greifen ...“

~~*Wir lesen Penthesilea – das Ende. Achills Tod. Ihr Tod, nachdem sie ihn verschlungen, zerfetzt, zerwühlt und sein Blut getrunken hat. Es dauert nur einen Augenblick, bis sie allen Schmerz in sich aufgetürmt hat, der sie umbringt.*~~

~~*Ich weine beim Lesen. The arms of Pierre um mich herum.*~~

Es gibt kein anderes Schicksal als das von Penthesilea, um mich zu befriedigen. Encore – encore – Kämpfe – der Tod, Wonne. Wir halten uns, wir rollen um dich herum, Pierre – verlass mich nicht, ohne mich zu töten.
Süßes Ausruhen, friedlicher Schlaf.

Stimmen im Garten. Bobann und ich auf dem Balkon wie kleine Mädchen, die die Gäste ausspionieren. Marie Laurencin, die Malerin, ist gekommen. Sie ist liebenswürdig, sie ist schön, gut angezogen, helle Stirn, Bubikopf, Zähne mit Gold. Sie hat Stil. Sie ist sehr selbstbewusst. Sie behandelt sich selbst wie ein Kunstwerk. Und kalt. – Ich mag ihre Kälte und ihre Haltung. Ich sehe keinerlei Konkurrenz zu mir, sie wird immer das Gegenteil von mir sein, das andere Ende des Stricks.
Ich finde mich weich und reich und gefährlich und einen Abgrund, und ich liebe meine Genüsse und mein Leben.

Pierre: Sie hat so viele Qualitäten, die du nicht hast. Sie ist eine Künstlerin, schöpferisch – verurteile sie nicht, du, die alles anfängt und nie etwas zuende bringt.

Ich bin wie geblendet durch diesen unerwarteten Schlag. Und verletzt und traurig. Das ist hart – und grausam – und wahr.

Helen: Dann ist es also nur der Erfolg, der zählt?

Pierre: Jeden freien Moment nutzt du, um irgendeinen Mann zu treffen, anstatt zu arbeiten. Du bist unnütz und ohne wahre Kraft.

Ich bin beleidigt. Es kommt mir so vor, dass es leichter wäre, Erfolg zu haben – als ich selbst zu sein. Ich werde es ihm beweisen.
Es ist schön, dass er etwas von mir fordert. Er kann mir nichts Schöneres antun, als mich dazu zu bringen, alles zu versuchen, mich anzustrengen, meine Kräfte zu spüren.

Jeudi 23 septembre, München

Helen: Lass uns zum Aumeister gehen!

Koch kennt den Weg. Ich laufe gern. Wir haben nicht genug Zigaretten. Koch kauft welche. Koch will alles für mich tun.

Dieses Haus – darin hat er 1900 soundsoviel gewohnt. Ich habe überhaupt nichts übrig für die Erinnerungen von andern.

Wir sind auf einem kleinen Weg, der in eine englische Landschaft führt – unwahrscheinlich schön. Ein hoher Himmel ganz hell und zartblau.

Koch: Was hat Sie nur dazu verführt zu heiraten – und ausgerechnet Franz?

Helen: Das ist ganz einfach. Franz hat mir von Anfang an mehr Freiheit gegeben, als ich vorher hatte. Er ist so schwerfällig, eigentlich unerreichbar, das hat mich wahnsinnig gereizt. ~~Er hat mir soviel Raum gelassen für eine Offensive von mir.~~ Ich mochte seine Art, sich nehmen zu lassen. Seine große liebevolle Toleranz für mich und für alle. Der ideale Mann zum Heiraten – die Leiden der Ehe auf ein Minimum reduziert.

Koch: Diese beiden, Pierre und Franz, genießen es, Experimente mit Menschen zu machen. Sie treiben eine Art Vivisektion der Seele. Ich werde es nicht zulassen, dass Sie dieser perversen Forschersucht zum Opfer fallen.

Helen: Das klingt hart. Mir scheint vielmehr, dass die beiden meine Wünsche erraten und mir helfen, sie zu verwirklichen.

Koch: Ach Helen, Sie sind blind. Sehen Sie denn nicht, dass weder der eine noch der andere Sie wirklich liebt? Man spielt mit Ihnen.

Helen: Ja, Koch, so ist es auch gemeint. Wir spielen. Alle drei. Jeder auf eigene Gefahr.

Koch: Es ist Helen, die dabei verlieren wird.

Helen: Das kümmert mich nicht.

Koch: Aber mich. Seit zehn Tagen denke ich an Sie, Tag und Nacht. Ich weiß nicht, was mir geschieht. Aber Sie können mit mir rechnen.

Helen: Was soll das heißen?

Koch: Dass ich Ihnen gehöre. Verfügen Sie über mich!
Koch will mich vor meinem Leben retten. Ich würde sterben, wenn ich nicht mein Leben leben könnte. Pierre bringt mich vielleicht um, indem er mich leben lässt.

Drittes Gebot für das Verhalten gegen allerlei Liebesanwärter: Du sollst den, der dich liebt, zum Äußersten treiben, auf dass er die Grenzen des Vernünftigen zu sprengen lerne.

Helen: Ich liebe Franz sehr. Er ist ein großer Freund – oder nicht?

Franz: Ja, immer noch, ich bedaure dich, ich bewundere dich. Du bist zu kompliziert für mich, ich war nicht der Herkules, den du brauchst. Wenn man dich lieben will, muss man auf jede andere Beschäftigung verzichten.

~~München, Freitag~~

Grammophon, Tango. Ich setze den grauen Hut auf. Handschuhe. Wollüstige Musik, die die Phasen der Liebe durchläuft bis zum Höhepunkt. Noch mal die Musik. Ein Argentinier und eine Hure. Sie kennen sich mit der Liebe aus. Ich müsste eine Minute lang ohne Bewegung stehen bleiben, auch ohne Musik, bevor es endet. Noch mal. Den Anfang üben.

Dann Boston. Elegante Liebe, sehnsüchtig, träumerisch – sanft, mondän – verdorben – immer beobachtet.

Foxtrott – fröhliche Liebe ohne Berechnung, unschuldiger Sport, gesund, lachend – jung.

Rag one step – grotesk – gierig – Tiere, Karikatur – Volk – ein Fest. Ich – der Clown, der sich lustig macht. Ob das ein Konzept ergibt? Erst

mal eine Richtung. Noch mal Tango. Schon müde. Ich öffne das Fenster. Ich werde alle Platten tanzen, die hier sind. Ich werde alle Platten tanzen, die hier sind.
Der Blinde. Der betrunkene Mann. Die Erde, die sich um die Sonne dreht. Der Baum im Wind. Encore Tango, das berauscht mich, encore, encore.

Lundi 4 octobre
Franz arbeitet an der Übersetzung von Pierres „Don Juan".
Es scheint mir, dass Franz den Text verdirbt durch seine Art, ausgefallene Wörter zu suchen. Ich bin im esprit von Pierre. Ich stoße auf Fehler, ich kritisiere, ich ärgere mich über jedes ungenaue Wort – ich versuche, le mot juste zu finden. Es ist aufregend und schön, die einzig mögliche Lösung zu finden. Die Einfachheit der Wörter, der exakte Sinn. Wir arbeiten ernsthaft und leidenschaftlich.
Franz gibt nach, nachdem er sich zuerst geärgert hatte. Pierre und ich verstehen uns auf Anhieb.
Die Situation ist ein bisschen schwierig, entspannt sich aber gleich wieder durch die Vertrautheit, die uns eint.

Mittwoch
Pierre bekommt eine Karte von seinem Verleger – sein Pseudonym für den „Don Juan" klingt nicht gut. R. Rochemont, Roc-Malémont. Wir suchen ein anderes: Pierre Grund.
Helen: Warum denn nicht Pierre Roché, vorzüglicher Name, perfekt?
Pierre: ~~Meine Mutter ist dagegen.~~/Ma mère s'oppose. Meine Mutter ist dagegen.
Ich verstehe überhaupt nichts mehr. Das Bild von Pierre hat sich auf einen Schlag verändert. Er ist ein kleiner alter Junge, lächerlich

und abhängig. Er schreibt ein Meisterwerk, eines richtigen Mannes würdig – und er will sich nicht dazu bekennen, wegen einer starrsinnigen Frau, die ich noch nicht einmal kenne.

Helen: Verboten, zu urteilen. Und ich urteile nicht. Aber ich finde es zum Kotzen blöd, nicht Pierre Roché zu nehmen.

Vielleicht erinnere ich mich an zu viele Vollmonde. Jede Liebe hat ihren Vollmond. Idiotisch, diese Illusionen. Letztes Jahr liebte ich Thankmar, und wenn ich mich recht erinnere, gab es einen anderen Vollmond im Jahr davor mit einem Herrn – aber wer war das bloß?

Helen: Nach deinem „Don Juan“ habe ich Lust „Donna Juana“ zu schreiben.

Pierre: Tu's doch.

Montag

Helen: Kannst du dich noch an das genaue Datum erinnern, als wir das Fest bei dir gefeiert haben? Wann werde ich wieder unwohl?

Bobann erinnert sich nicht genau.

Helen: Ich glaube, ich bin schwanger.

Bobann: Schon wieder! Du hast immer noch nichts gelernt. Immer dieselbe chose.

Helen: Ich weiß es noch nicht. Vielleicht morgen.

~~Vision: Der kleine Junge von Pierre in mir wie in einem Spiegel. Sein kleines Gesicht hinter seinen Fäustchen versteckt.~~

Helen: Vielleicht behalte ich ihn auch einfach.

Bobann: Tonnerre! Du willst neun Monate deines Lebens opfern! Das ist ja irre, diesen Pierre so zu lieben! Du hast schon zwei Kinder, für die du zu wenig tust. Warum noch eins? Das ist totaler Egoismus.

Helen: Pierre möchte gern ein Kind. Er redet die ganze Zeit davon.

Helen: Pierre, was tun?

Pierre: Ja, sprechen wir darüber. Auch mit Franz, wenn er will.

Helen: Natürlich, das ist auch sein Kind – er hat unsere Liebe protegiert.

Pierre: Mais non – im Gegenteil, er hat uns gewarnt vor einem Kind.

Helen: Das zählt nicht. Das Kind gehört uns allen dreien. Was schlagt ihr vor?

Pierre: Du entscheidest.

Helen: Aber das hängt von dir ab. Willst du es nicht haben?

Pierre: Ist schwierig im Augenblick. Wie sollen wir uns arrangieren? Welcher Name für den Kleinen, welche Nationalität, welche Religion? Und deine Pläne für die music-hall, deine Kinder und die Familie?

Dead blank, schwarzes Loch. Meine Stirn gegen die Bretter gelehnt, die das Nichts begrenzen. Mein Herz: eine Mühle, die Flügel: alte Rasiermesser.

Helen: Was meinst du, Franz?

Franz: Das ist eure Angelegenheit.

Helen: Mais non, du bist mein Mann und der Vater unserer Kinder. Bist du nicht mein Freund – und der von Pierre und der unseres Kindes, das der Bruder unserer Jungen sein wird?
Ich schlage vor, dass Franz und ich uns scheiden lassen und dass Pierre mich heiratet.

Stille. Franz hat ein Lächeln um den Mund, das halb ironisch und halb geniert ist.

Pierre: Feierliche Hochzeit – das finde ich zum Kotzen.

Franz: Ich kann es mir auch nicht so recht vorstellen. Das tötet und banalisiert, und Helen hat gar keine Vorstellung vom Alltag, vom täglichen Leben.

Schmerz – Verachtung für Pierre. Franz hatte es gewagt. Ich verachte ihn auch. Er könnte aufstehen und Pierre ohrfeigen, der seine

Frau nicht heiraten will.

Ich werde das Kind von Pierre töten. Ich werde es aus meinem Bauch reißen lassen mit spitzen Instrumenten. Sie werden ihm wehtun – meinem geliebten Kind.

Freitag

Pierre und ich, allein. Er setzt sich auf mein Bett, wir sehen uns an. Kein Hindernis, keine Überlegungen mehr. Sein Mund auf meinem Mund – Ewigkeit.

Pierre: Wir werden eines Tages unseren Sohn bekommen. L'histoire chinoise. Er wird wiederkommen. Ich brauche ihn. Wir werden ihn nicht zufällig machen – sondern mit Absicht. Willst du?

Helen: Du würdest ihn so lieb haben. Du weißt noch gar nicht, was ein eigenes Kind bedeutet. Ich bin nicht gerade eine ideale Mutter, aber es ist ganz und gar ein Wunder... Unser ältester Sohn ist tot.

Ich weine. Pierre sagt, mit Tränen in den Augen:

Pierre: Er wird wiederkommen in der Form seines Bruders.

Stille um uns herum – lange keusche Küsse.

Pierre, Pierre,

zu hässlich für dich – zu klein – zu absurd – ganz schüchtern – weiß nicht, was die Liebe bedeutet – du der Meister – nie vorher – ich bin dein – ganz und gar – hilf mir – ich werde diesen Brief hassen – zu hoch – zu tief – du – ruhig – merci – tu me fais t'aimer toi.

Je suis ce que tu m'imagines – Ich bin so, wie du mich träumst. – Du hast mich besiegt – dieses Mal – ich werde wieder aufstehen und den Kampf von neuem beginnen.

~~*Montag*~~

Auf der Straße in Schwabing. Bras dessus bras dessous. Ainmillerstraße – Rilke hat in diesem Haus gewohnt. Das Haus von Klee ist weiter unten. Die Pension von Koch. Er ist nicht da. Ich hinterlasse einen freundlichen Gruß mit Entschuldigungen und:

Helen: Kommen Sie – wir erwarten Sie.

~~*Plötzlich sagt Pierre:*~~

Pierre: Kannst du dich noch an die ersten Tage erinnern, bevor wie uns verliebt haben? Ich glaube, ich habe sie ganz vergessen.

Helen: Aber ich erinnere mich ganz genau – wie traurig ich war – und an den Tag, an dem du in die Stadt gefahren bist und vor allem an die Seifenblasen, und wie du mit dem Kindergewehr geschossen hast – und an den ersten Tag, an den kleinen Zirkus und an das Geld, das du mir gegeben hast. Ich war so traurig, weil ich dachte, dass du mich gar nicht bemerkst.

Pierre: Das ist komisch, wir erinnern uns an ganz verschiedene Sachen. Wir müssten ein doppeltes Tagebuch schreiben. Das wäre épatant.

Helen fliegt durch die Himmel, lässt sich fallen: Meine Haare steil aufrecht gegen den Himmel flammend.

Dimanche 26 septembre, Hohenschäftlarn

Pierre: Tanz doch jetzt einmal für uns.

Helen: Ah non – ich bin zu müde.

Pierre: Du wirst es nie tun, wenn du immer Ausreden findest.

Helen: Ich würde sterben, wenn ich es euch nicht zeigen würde. Ich verspreche euch, ich sage, wenn es soweit ist.

~~*Lundi, 27 septembre*~~

Helen: Also dann kommt, habt ihr Lust?

Wir gehen nach unten. Ich habe Angst, in Ohnmacht zu fallen. Mein Herz klopft. Aber es ist schon fast überstanden. Der Entschluss war der Beginn. Franz sitzt auf dem Tisch. Pierre steht daneben. Das Grammophon. Tango. Ich tanze.

Der heilige Sebastian. Die Blicke: die Pfeile – später sind meine Augen geblendet, tot – die Augen der anderen tun die Arbeit und schauen.

Sonntag, 10. Oktober, Hohenschäftlarn

Pierre und ich sprechen über unser Tagebuch – werden wir die Daten zusammenkriegen, es sind über sechzig Tage?

Wann werde ich das schreiben? Wahrscheinlich nie – und außerdem ist es ziemlich gefährlich. Es wird meine Liebe zu Pierre töten. Wenn ich aus seinen Notizen eine Art Werk schaffe – unsere Liebe in der Vergangenheit gesehen – wird es ihn aus mir herauslösen, ~~(le mettra en dehors de moi)~~ – berührbar machen – sichtbar – vollständig – abgeschlossen – dann wende ich mich ab und fange etwas anderes an.

Es ist trotzdem eine große Versuchung – ich blättere in seinem kleinen Notizbuch. So viele Dinge kommen wieder ins Bewusstsein. Ich beginne, sie aufzuschreiben.

Helen: ~~Tu m'aideras?~~/Hilfst du mir?

Pierre: Toujours./~~Immer.~~

Helen: Tu m'aimes?/~~Liebst du mich?~~

Pierre: ~~Jusqu'a ma mort.~~/Bis zum Tod.

~~Horreur./Ein Horror.~~

Helen: Pierre Pierre – des moments „Tagebuch" où je tombe. It tears me to you. À d'autres moments j'ai peur que tu ne comprendras pas. – Surtout I suis passionnément intéressée. Je prendrai le petit cahier Notizen à Berlin avec moi. Das ist ein Faden, complet. Je veux partir samedi seule. Koch m'attends. Dieser Augenblick – writing to you – ist Grenze zwischen travail Journal et activité Reise. Nothing is packed yet. Good God! I am looking forward to remuer mes bras et mes jambes. Up then I fling myself into your arms, my man aimé. Je t'embrasse wildly, happy thing you Pierre Roché Grund. Helen

Berlin, 3.12.1920
So gut, allein zu sein. Ich bin es. Danke für das Telegramm. Ich habe Angst, dass das Tagebuch gefährlich wird. Bobann verabscheut mich. Franz auch. Koch ist wütend. Und du? Keiner schreibt mir. Ist das Tagebuch so schlimm?

Je n'ai encore jamais résisté à une tentation.

Hohenschäftlarn, 7. Juli 21
~~Pierre, einziger Mann auf der Erde. Es gibt keine anderen, auch wenn ich nach ihnen suchen würde.~~
Es ist zu wenig zu sagen: je t'aime. Richtiger wäre: Du gibst mir alles, was ich brauche, ohne eine Leere zu hinterlassen, du machst mich glücklich, du gibst mir Kraft, Freude, du wiegst mich, du beruhigst mich. Ich bin unvollständig ohne dich.
Ich habe alles getan, wofür du mich geschlagen hast: ~~der Fremde und Hulle.~~ Ich möchte diesen Brief zerreißen – ich möchte, dass du siehst, wie dicht und schwer und konzentriert meine Liebe zu dir geworden ist während der Wintermonate, in denen ich mich im Spiegel immer hässlicher und weniger deiner würdig werden sah, der pessimistische

Ausdruck in meinem Gesicht, verquält, allein ohne die Kinder, ohne die Liebe von Franz, der sich Bobann zugewandt hat. Und dann dieses Tagebuch, das ein einziges Pierre Pierre ist. Je mehr ich mich bedauernswert fand, desto mehr sah ich mich abhängig von dir und auf dir lastend, indem ich dir treu war. Bei unserem letzten Treffen in München habe ich nicht das Gleichgewicht gefunden zwischen meiner verzweifelt „absoluten" Liebe und deiner fröhlichen und charmanten. Und du fandest mich hässlich. Ich habe alles, was ich gemacht habe – Koch eingeschlossen – getan, um mich von dem „Zuviel an Liebe" zu heilen und dir die Chance zu geben, mich aus deinem Leben zu verbannen.
Ich garantiere dir nicht, dich nicht zu töten. Aber ich garantiere dir, mich eher aufzuhängen als mich an dich zu hängen, wenn du frei sein willst.
Pierre, ich bin dein, ich liebe dich. Alle diese Sachen liegen hinter uns. J'aime mon amour pour toi. Verachte mich niemals, Pierre. Ich lege mich in deine Arme.
Schreib schnell. Willst du mich als Mutter deines Sohnes? Telegrafiere OUI oder Non. Helen

Helen: Du bist der Riese, der mich von einem hohen Felsen aus ins Meer geworfen hat – ich bin ganz tief unter Wasser. Wenn das Tagebuch fertig ist, wird es geschehen,

dass mein Kopf die Wasseroberfläche durchstößt,
dass ich schwimmen werde,
und dass ich den Himmel wiedersehe.

Biographische Anmerkungen zu Helen Hessel

Als Helen Hessel am 10. August 1920 an der kleinen Bahnstation in Hohenschäftlarn südlich von München stand und den französischen Freund Henri-Pierre Roché erwartete, begann ein neues Kapitel in ihrem Leben. Sie war 34 Jahre alt, hatte zwei Söhne, Ulrich und Stéphane; die Ehe mit ihrem Mann, dem Schriftsteller Franz Hessel war an einem Tiefpunkt angelangt; der Weltkrieg hatte beide einander entfremdet und die enge Verbindung zu Frankreich und den Pariser Freunden unterbrochen. Pierre Roché war in den Jahren vor dem Krieg Hessels engster Vertrauter gewesen, Gesprächspartner und Komplize in allen Liebesgeschichten, bis zu dem Moment, als Helen sich in Franz verliebte: „Diese nicht“, hatte Pierre Franz versprechen müssen und sich auch daran gehalten, was für einen erklärten Don Juan wie ihn eine Herausforderung war.

Helen war erst kurz zuvor zu ihrer Familie ins Isartal zurückgekehrt. Ihre überschäumende Energie hatte einen Ausweg in etwas für sie ganz Neuem gesucht, nämlich in der Landarbeit auf einem Gut in Schlesien, was nicht ohne die Verführung des Gutsbesitzers geendet hatte. In den folgenden Monaten arbeitete sie an einer Tanznummer, die sie in der „Bonbonniere“ aufführen wollte (ein Münchner Etablissement, in dem Erika Mann ein paar Jahre später mit der „Pfeffermühle“ debütierte); im

Tagebuch liest man, wie sehr sie sich gewünscht hätte, als Tänzerin auftreten zu können und damit auch eine gewisse finanzielle Selbständigkeit zu erringen. Beides – im Mittelpunkt zu stehen, gesehen zu werden und unabhängig zu sein – war in diesen Jahren ihr erklärtes Ziel, und es sollte sich auf etwas andere Art erfüllen, als sie gedacht hatte. Die Ankunft von Pierre Roché war ein halber Schritt dahin, insofern er sie schließlich zum schriftstellerischen Schreiben drängte, und ein großer Schritt in eine neue emotionale Abhängigkeit, gegen die sie sich vergeblich wehrte.

In dem Roman „Jules und Jim", den Roché fast dreißig Jahre später über diese Zeit schrieb – Franz ist Jules und Pierre ist Jim, das kann man ohne große Einschränkungen sagen –, ruft er sich noch einmal das Bild von Helen ins Gedächtnis, wie sie da am Bahnhof vor ihm stand:

„Jim sah sie an, es verschlug ihm die Sprache ... Das archaische Lächeln, noch reiner und heller als früher, vibrierte, spannte sich, schoss Pfeile ab. Ihr Blick war voller Übermut und Kühnheit. Ihr Busen glich einem Kiel auf Wellen ... Ihre tiefe Stimme machte das Bild vollkommen. Jim kam es vor, als sei sie nun, mit großer Verspätung, endlich zum Rendezvous im Café erschienen und als habe sie sich für ihn so schön gemacht."

Als Roché feststellt, dass Franz sich zurückgezogen hat und fürchtet, Helen ganz zu verlieren, gilt sein Versprechen nicht mehr, und die leidenschaftliche Liebe zwischen Helen und Pierre bricht wie eine Naturgewalt über sie herein – wohlwollend beobachtet und geschützt von Franz, der darauf setzt, dass auf diese Weise beide ihm in größter Nähe erhalten bleiben. Die Leichtigkeit der Liebe zu dritt, die François Truffauts Film so bestechend macht, liest sich in Helens Tagebüchern nicht grundsätzlich anders, aber sie verschieben den Blickwinkel; und das war auch der ursprüngliche Plan, den alle drei gefasst hatten: ein Tagebuch aus drei verschiedenen Perspektiven zu schreiben. (Roché führte seit seiner Kindheit „carnets“ mit Stichworten über alles, was er erlebte, hielt sie aber aus triftigen Gründen geheim.) Ein neues „De l'Amour“ sollte es werden – Franz Hessel war gerade dabei, dieses Werk von Stendhal zu übersetzen –, eine moderne Physiologie der Liebe, wie sie sie erlebten, in aller Freimütigkeit die konventionellen Zwänge hinter sich lassend. Tatsächlich schrieb dann nur Helen und las es den anderen vor, was einigermaßen gewagt war im Hinblick auf die sexuellen Intimitäten und Helens Gefühle, die hin- und herschießen zwischen totaler Hingabe und totalem Herrschaftswillen, zwischen Bewunderung und Verachtung. Die Grenzen zwischen Spiel und Katastrophe werden immer neu gesteckt, und wenn Stillstand einsetzt, schafft Helen ein neues Drama. Für die Männer (und sehr wohl auch für die Frauen) in ihrer Umgebung ist sie ein tägliches Ereignis mit ungewissem Ausgang, und es ist nicht zu übersehen, dass sie Franz und Pierre unendlichen Stoff für deren Literatur bietet. 1920 erschien Hessels „Pariser Romanze“, in der er seine Liebesgeschichte mit Helen 1912 als traumwandlerisches Märchen heraufbeschwört und in dem der Erzähler die „Allzulebendige und Allgeliebte“ am Schluß abreisen lässt.

Helen Hessel wurde am 30. April 1886 als jüngstes von fünf Kindern in Berlin geboren. Ihr Vater Friedrich Wilhelm Grund entstammte einer preußischen Offiziers- und Bankiersfamilie, ihre Mutter Julie Anna Butte wurde bei der englischen Großmutter in England erzogen. Helen besuchte die Charlottenschule in Berlin und verbrachte mit sechzehn Jahren einige Monate in England, wo sie dann ihren Cousin Frank heiraten wollte, was die Familie verbot. In ihren summarischen Stichworten zu einer (nie geschriebenen) Biographie notierte sie:

„1901 Reise nach England. Der rote Hut. Die Tante ist eifersüchtig. Kleine Kusinen. Shakespeare. Das Varieté im Crystal Palace. God save the Queen. Sehnsucht nach dem Großen. Prophezeiung. Billard. Mama holt mich ab. Heimlich verlobt. 1902 Sehnsucht. Briefe von Frank. Wiedersehen mit den Freunden. Eitelkeiten. Lehrerin Examen? Bobann im Sant'Anna Lugano. Verfehltes Examen der Kunstgewerbeschule. Selbstmord? Telephon mit dem Vater: Quand même. Verein der Künstlerinnen. Fanny ... Käthe Kollwitz. Kommunismus? ... Konzerte und dégoût. Souper mit Markuse und Rosenberg. Mosson ... Das große Atelier. Bälle im Tiergartenviertel. Die Kleiderfrage ... Cassirer. Sommer im Segelboot ... Eigenes Atelier – Ausstellung Sezession."

Nach ihrer Rückkehr begann Helen eine Ausbildung als Malerin, zu Beginn des letzten Jahrhunderts ein gängiger Weg für höhere Töchter, um aus dem Hause zu kommen und eine Art Beruf zu lernen. Ein paar Jahre vor ihr hatte die Gräfin Reventlow sich aus dem gleichen Grund nach München aufgemacht, und das war nicht das Einzige, was sie und Helen miteinander verband: Der Freiheitsdrang, der bei der Gräfin ganz speziell auch mit erotischer Selbstbestimmung einherging, war bei Helen Grund nicht weniger stark. Interessanterweise hatte die Gräfin ein paar Jahre früher auch in einem Dreiecksverhältnis mit Franz Hessel (und Bogdan von Suchocki) gelebt, bevor sie durch Hessel ebenfalls Henri Pierre Roché kennen lernte und eine kurze Liebesaffäre mit ihm hatte. Das war in München 1903/1907. In Franziska zu Reventlows Buch „Herrn Dames Aufzeichnungen oder Begebenheiten aus einem merkwürdigen Stadtteil" wurde Franz Hessel ein Vorbild für die Titelfigur.

Helens erster Lehrer war der englische Maler George Mosson, der zur Berliner Sezession gehörte.

„1908 Heimliche Rendez-vous ... Psychoanalyse. Fanny will ihre Jungfernschaft verlieren. Luitpoldstraße. 1911 England ... Heirat? Sternhimmel. Auto, Sammy, no more german friends. Schottland ... Mosson und kein Ende. Eifersucht ..."

Das Verhältnis zu Mosson, dem dreißig Jahre älteren Lehrer und Geliebten, scheint sich schwierig zu gestalten, und 1912 setzt Helen ihr Studium in Paris fort, nach eigener Aussage bei Maurice Denis, Fernand Léger und Le Fauconnier. Die Abende verbringt sie mit ihren beiden Freundinnen Fanny Remak und Augusta (Gussi) von Zitzewitz, die ebenfalls Malerei studieren, im Café du Dôme auf dem Montparnasse: Und da ist sie plötzlich im Zentrum der legendären Künstlerszene im Vorkriegs-Paris gelandet.

„1912 Paris durch Kati. Begegnung mit Gussi. Grande Chaumière. Maurice Denis. Levy. Pascin. Hotel d'Odessa ... Kisling. Promenade bei Nacht ... Gussis Vetter Henri. Dîner im Café de Paris. Der Neffe von Oscar Wilde. Franz Hessel. P. Roché. Nicht zusehen, mitspielen, sagt Pascin. Das Märchen von der Jungfernschaft. Der Graf von Gleichen. Penthesilea. Schläfrigkeit und Liebe. Migränen."

Ein Jahr später heiratet sie Franz Hessel, den sie vor dieser Entscheidung gewarnt hatte: „Du hast viel Mut, ich bin weder treu, noch nützlich, und ich habe kein gutes Herz." Worauf er geantwortet hatte: „Es gibt immer noch die Scheidung, wenn Sie keine Lust mehr haben – ich liebe Sie. Sie vereinen in sich alles, was ich bisher geliebt habe." (Journal d'Helen)

Franz Hessel (geb. 21. 11. 1880) stammte aus einer großbürgerlichen jüdischen Familie, deren Reichtum es ihm ermöglichte, bis zur Inflation in den Zwanzigerjahren finanziell sorgenfrei zu leben. Seine Zeitgenossen beschreiben ihn als einen besonders sanften und liebenwürdigen Menschen. Seiner Distanz zum Leben stand eine große Liebe zur Welt der Dinge gegenüber, die auch in seinem Schreiben einen breiten Platz einnimmt. Er war Beobachter, Stadtflaneur, Schreibender statt Handelnder – in seinem ganzen Wesen war er das Gegenteil von Helen, was bald nach der Heirat zu Spannungen führte.

Ende Juli 1914 bringt Helen ihren ersten Sohn Ulrich in Genf zur Welt. Die Geburt ist dramatisch, und Ulrich wird sein Leben lang unter Lähmungen und epileptischen Anfällen leiden. Helens Verzweiflung findet bei Franz keinen Trost, und als er bei Kriegsbeginn sofort in den Krieg zieht, kommt ihr das vor wie das Ende der Liebe.

1917 wird der zweite Sohn, Stéphane, geboren. Clarté lumineuse, notiert sie, und von Anfang an empfindet sie ihn als Glückskind und als „Liebling der Götter", wie ihre Freundin Charlotte Wolff ihn später nennt. 1917, nach Hessels Rückkehr, tauchen die Namen von Rainer Maria Rilke und seinem Freund Thankmar von Münchhausen immer häufiger in den Aufzeichnungen auf. Rilke widmet ihr ein Gedicht („Géranium qui éclate"), und Thankmar ist ein Freund noch aus Pariser Vorkriegszeiten von Franz und Pierre. In Helens Leben ist er einer der Joker, die sie aus dem Hut zaubert, wenn sie sich langweilt. In Hessels Roman „Heimliches Berlin" wird er zum Vorbild des jungen Liebhabers, dem der Ehemann seine Philosophie erklärt: „Ich habe es wohl nie begriffen, dass zum Lieben besitzen gehört. Da müsste man sich ja das geliebte Wesen aneignen und also enteignen, und was man mit sich vereint, das ändert man. Ich aber möchte alles erhalten, wie es mir erst erschien."

„1920 Schlesien. Gut von Röthel. Milieu impossible ... Karotten. Holz messen. In Hosen! Chice Nachbarn. Erfolge. Verzweiflung ... Langenn – Steinkeller. Zu Besuch. Räucherkammer. Bettszene. Wildschwein schießen. Die Sau und ihre Jungen. Kronprinzessin. Kurassier. Bonner Borusse ... Graf Luckner. Graf Kayserlingk. Einsame Reisen nach Holstein ... Nichts zu verkaufen. Découragée. München. Operation bei Sauerbruch. Sommer Tagebuch." (Hohenschäftlarn)

Das waren Helens Erlebnisse, die man nur assoziativ nachvollziehen kann, bevor Pierre Roché zum ersten Mal nach dem Krieg wieder nach

Deutschland kam. Franz und Pierre nahmen ihr Gespräch wieder auf, als sei es nie unterbrochen worden.

Helen Hessels Tagebücher erwecken manchmal den Anschein, als sei es in Hohenschäftlarn nur und ausschließlich um die Liebe gegangen. Aus Rochés „carnets“ (1990 in Frankreich veröffentlicht) kann man entnehmen, dass er auch mit einer Mission nach Deutschland gekommen war, die ihn schon vor dem Krieg beschäftigte: die kulturelle Verbindung zwischen Frankreich und Deutschland, die nun durch den Krieg vollkommen abgebrochen war.

Henri-Pierre Roché (geb. 28. 5. 1879) war Kunstsammler und Kunstvermittler; er hatte die Kriegsjahre in New York in nächster Nähe von Marcel Duchamp verbracht und arbeitete für den großen amerikanischen Sammler John Quinn, dem er die neuen Pariser Künstler nahe brachte – darunter Picasso, Brancusi, Modigliani, mit denen Roché persönlich befreundet war. Als er nach Deutschland kam, besuchte er Paul Klee und Rudolf Levy ebenso wie verschiedene Kunsthändler – Flechtheim, Uhde – und hatte eine ganze Liste von Schriftstellern und Verlegern in seinem Programm, mit denen er Interviews für französische Zeitungen machen wollte. Er besuchte Heinrich Mann und Carl Sternheim, der anschließend einen Picasso erwarb. Marie Laurencin, die auch nach Hohenschäftlarn zu Besuch kam, ist durch Rochés Bestärkung und praktische Hilfe zu einer angesehenen Malerin geworden. Insofern ist Helen für ihn nicht nur die „Liebesgöttin“ sondern auch eine Frau, deren kreative Energien brachliegen. Indem er sie zum Schreiben auffordert, zeigt er ihr einen Weg in die Selbständigkeit, den sie bald darauf nutzen wird.

„1924 Frühjahr Paris mit Devisen. Rue de Bourgogne. Rilke. Baladine Klossowska. Brancusi ... Rentrée mit Koffern voll für Hessel und Kinder. Lotte Wolff zieht um. Ich schreibe Paris. Bringe zu Grossmann. Angenommen!“

Ihre ersten kurzen Artikel werden in Stefan Grossmanns Zeitschrift „Das Tagebuch“ unter dem Namen Helen Grund veröffentlicht. 1924 bietet ihr die „Frankfurter Zeitung“ die Redaktion einer Beilage „Für die Frau“ an, in der sie zunächst von Berlin aus vor allem über Mode berichten sollte. 1925 zog sie mit beiden Söhnen nach Paris.

„In unserer ganz im Bauhaus-Stil gehaltenen Wohnung mit den geometrischen Möbeln und den in kräftigen, kontrastierenden Farben bemalten Wänden, an denen ein paar kubistische Gemälde hingen, empfingen wir Rochés Freunde, die auch bald schon Helens wurden. Da waren Marcel Duchamp ... Man Ray, der von Helen eine schöne Nacktaufnahme am Strand machte, Le Corbusier und Philippe Soupault, Jules Pascin und Alexander Calder, Constantin Brancusi und Max Ernst, André Breton und Pablo Picasso ...“, schreibt Stéphane Hessel in seinen Erinnerungen. Helens Leben ist durchaus glanzvoll. Manchmal nimmt sie ihre Söhne mit zu den großen Modeschauen. Patou, Chanel, Lanvin stehen im Zentrum des Interesses.

„Wir ahnen, dass Helen lieber literarische Beiträge schreiben würde“, fährt Stéphane Hessel fort, „stellen aber auch fest, dass sie aus dem, was zunächst nur ein Broterwerb war, eine Kunst gemacht hat.“ („Tanz mit dem Jahrhundert“)

Einer von denen, die Helens Aufsätze über die Mode überaus schätzten, war Walter Benjamin, und es gibt Hinweise dafür, dass er sich von ihnen zu seiner Theorie der Mode inspirieren ließ.

Pierre Roché versäumt in dieser Zeit kaum ein Konzert der Komponisten, die sich um Erik Satie herum in der „Groupe des Six“ zusammengeschlossen haben – darunter Francis Poulenc, Darius Milhaud, Arthur Honegger. Stéphane Hessel berichtet, dass Helen ganz besonders Satie geliebt habe.

Einen Eindruck von ihr aus dieser Zeit vermittelt eine Passage aus Charlotte Wolffs Erinnerungen: „Ein perfektes Beispiel einer befreiten

Avantgardistin war Helen Hessel. Sie konnte sich allem zuwenden und war überall erfolgreich ... Sie bezauberte Männer und Frauen gleichermaßen. Ihre blauen Augen, klar und kalt wie ein frostiger Frühlingstag, ihre Eleganz und Selbstsicherheit machten sie zum Inbegriff verführerischer Weiblichkeit ... Sie konnte ebenso gut einen Essay schreiben wie ein Pferd zureiten. Eine Draufgängerin, die leidenschaftlich liebte und hasste, arbeitete oder faulenzte. Beim Gehen hinkte sie leicht und stützte sich auf einen Spazierstock mit Elfenbeingriff, was ihre Eleganz noch betonte ... In der dritten Woche unseres Urlaubs tauchte Franz Hessel auf. Man hätte erwarten können, dass er auf seine Frau und ihren Liebhaber eifersüchtig war. Doch es stellte sich heraus, dass Roché sein bester Freund war, und ich wurde Zeugin des gleichen Beziehungsmusters wie bei den Benjamins. In beiden Fällen schien die Dreieckssituation eine glückliche Konstellation zu sein, unter der Liebe und Freundschaft nicht zu leiden hatten ..." („Augenblicke verändern uns mehr als die Zeit")

Das glückliche Dreieck gehörte schon bald der Vergangenheit an. Franz, der zusammen mit Walter Benjamin Proust übersetzte, kehrte nach Berlin zurück, und Pierre teilte seine Tage buchhälterisch zwischen den drei ständigen Geliebten auf – nicht zu reden von allen anderen Eroberungen. Als Helen 1933 plötzlich erfährt, dass Pierre mit einer der anderen Frauen schon seit Jahren ein Kind hat, das er vor ihr geheim hält, ist sie tödlich verletzt. In einer dramatischen Nacht schließt sie sich mit Pierre in einem Zimmer ein, wirft den Schlüssel auf die Straße und richtet den Revolver auf Pierre. Er überwältigt sie, und gemeinsam weinen sie um ihre verlorene Liebe. Nach diesem Vorfall hat Helen Pierre nie wieder sehen wollen. Als er 1959 starb, schrieb Helen an ihre Freundin Anne-Marie Uhde: „... Nicht dass ich bereue – ich vermisse ... Alles Entscheidende ist mir und den Kindern durch ihn gekommen, durch diese passion, die er in mir entzündet hat. Mir kommt es vor, als sei ich selbst gestorben, da der Zeuge meiner äußersten Lebendigkeit nicht mehr vorhanden ist ..."

Nach der Trennung von Roché nehmen Freundinnen einen größeren Platz in Helens Leben ein. Die Psychoanalytikerin Charlotte Wolff, die Buchhändlerin Adrienne Monnier, Gabrielle Picabia, Baladine Klossowska, Anne-Marie Uhde, die Schwester von Wilhelm Uhde und selbst Malerin, mit der Helen schließlich die letzten dreißig Jahre ihres Lebens zusammenlebt.

1938 fährt Helen nach Berlin, um Franz Hessel zur Flucht nach Paris zu verhelfen. Es war die letzte „Heimkehr nach Paris" von Franz Hessel, der 1941 im Exil in Südfrankreich starb.

Bei Kriegsausbruch beendet Helen jegliche Beziehung zu Deutschland und ernährt die Familie durch kleine Chauffeursdienste mit ihrem Auto; 1940 flieht sie mit Franz und dem älteren Sohn Ulrich nach Sanary-sur-Mer an der Côte d'Azur in die unbesetzte Zone, wo sich ein großer Teil der exilierten deutschen Schriftsteller versammelte. Helens Mut war ungebrochen – als auch sie, wie Mann und Sohn interniert werden sollte, legte sie sich nackt ins Bett und forderte den Beamten auf, sie doch so mitzunehmen. Außerdem drohte sie ihm mit einer Anzeige, da sie die Mutter eines französischen Offiziers sei (Stéphane). Sie wurde nicht interniert und setzte nun alles daran, Visa für Amerika zu bekommen, was letztendlich nicht gelang. Zeitweilig stellte sie sich Varian Fry und dem American Rescue Committee zur Verfügung, um bei der Beschaffung von Ausreisevisa für die am meisten bedrohten Antifaschisten und Schriftsteller zu helfen. Nach Hessels Tod und ohne Aussicht, nach Amerika zu kommen, versteckte sie sich mit Ulrich in Thonon in den französischen Alpen, bis Stéphane sie während einer waghalsigen Geheimaktion für die Résistance besuchte und nach Paris mitnahm. Nach hundert Tagen wurde Stéphane von der Gestapo verhaftet und nach Buchenwald deportiert. Die Geschichte seiner abenteuerlichen Fluchten und sein Überleben sind ein Kapitel für sich, nachzulesen in Stéphane Hessels Buch „Tanz mit dem Jahrhundert".

1946 folgte Helen ihrem Sohn Stéphane nach New York, der dort als Sekretär bei der UNO arbeitete. Die Abhängigkeit von Sohn und Schwiegertochter empfand sie als demütigend; der Versuch, Kurzgeschichten in englischer Sprache zu veröffentlichen, gelang ihr nicht. Nach ein paar Monaten stürzt sie sich in ein neues Abenteuer, um sich ihrer Eigenständigkeit zu versichern, und was sie nun als Haushälterin, „Chauffeuse" und Köchin erlebt, ist eine Odyssee durch bizarre Verhältnisse und amerikanische Haushalte, aus denen sie vorwiegend deshalb gekündigt wird, weil die Leute es nicht ertragen, von einer Lady bedient zu werden. 1950 beendet ein Autounfall – der Zusammenstoß mit einer Lokomotive – das amerikanische Intermezzo. Sie kehrt nach Paris zurück, zieht mit Anne-Marie Uhde in eine Wohnung im XIV. Arrondissement und fängt noch einmal etwas Neues an: Sie übersetzt für den Rowohlt-Verlag Nabokovs „Lolita". Als 1962 der Film „Jules und Jim" herauskam, war Helen zutiefst gerührt. „Mein alter Thankmar," schrieb sie an den Freund aus früheren Zeiten. „... Wir sehen alle drei ganz anders aus, comme c'est bien entendu, aber was ihnen geschieht, ist dasselbe. Dieser Franz – ja, Thankmar, wie unvergleichlich ... J'en suis émue."

Helen Hessel ist 1982 im Alter von 96 Jahren in Paris gestorben und auf dem Friedhof von Montparnasse mit Wilhelm und Anne-Marie Uhde begraben.

U.V.

Editorische Notiz

„Exakte Vision. Helen Hessels ‚Jules & Jim'. Ein Vorfilm" ist ein Hörspiel. Ein Hörspiel, das eine Geschichte erzählt, die in der Wirklichkeit begonnen hat, in Tagebüchern ihre Fortsetzung nahm, Stoffe für Romane lieferte und als Film um die Welt ging. Die Geschichte von „Jules und Jim" und Catherine ist Faszination, ist Legende. Jeanne Moreau, Oskar Werner und Henri Serre machten in François Truffauts Film (1961/62) die tödlich endende Liebesbeziehung zu dritt weltberühmt.

Rückblende: München und das oberbayerische Hohenschäftlarn in der Nähe des Starnberger Sees sind die Original-Schauplätze dieser Affäre in den Jahren 1920/21. Die Frau zwischen den Schriftstellern Franz Hessel und Henri-Pierre Roché heißt Helen Grund. Sie stammt aus Berlin und begegnet beiden Männern 1912 in Paris. Auch nach der Heirat mit Franz Hessel bricht der Kontakt des Paares zu Roché, außer während des 1. Weltkriegs, nicht ab. Die „Villa Heimat", die Helen in Hohenschäftlarn mietet, ist nur einer der Orte der Wiederbegegnungen in Frankreich oder Deutschland. Aber derjenige, an den die Erinnerungen zurückgehen, die Franz Hessel und Roché als Material für ihre Romane dienen.

Zeitraffer: Helens Aufzeichnungen aus dieser Zeit und aus dem späteren Exil in Frankreich und den USA werden nicht publik. Bis 1991 André Dimanche die Tagebücher und Briefe der Jahre 1920/21 u.a. mit Hilfe der Söhne Stéphane und Ulrich Hessel editiert und mit einer

Auswahl von Briefen Helens an Roché in französischer Übersetzung als „Journal d'Helen. Lettres à Henri-Pierre Roché" herausbringt. In Deutschland sind Helen Hessels Tagebücher, Briefe und literarische Arbeiten nicht veröffentlicht. Ein Teil ihrer Aufzeichnungen, soweit sie Henri-Pierre Roché betreffen, befindet sich im Nachlass von Roché im Harry Ransom Humanities Research Center in Austin, Texas. Andere Teile sind dem Nachlass Franz Hessels im Deutschen Literaturarchiv in Marbach zugeordnet. Einige ihrer journalistischen und literarischen Arbeiten fanden Einzug in Anthologien, Ausstellungskataloge und literaturwissenschaftliche Veröffentlichungen, aber eine Einzelpublikation wird man in Deutschland umsonst suchen. Einzig ihre aus dem Jahr 1961 stammende Übersetzung von Vladimir Nabokovs „Lolita" weist den Namen Helen Hessel in Literaturkatalogen aus.

Vision: Es galt, die Autorin selbst und die Idee zu der Figur, um die sich alles dreht bei „Jules und Jim", vor dem Vergessen zu bewahren. Mit einer Veröffentlichung, die ihr entsprochen hätte: einem Hörspiel, einem Buch.

Ulrike Voswinckel hat als Hörfunk- und Filmautorin seit vielen Jahren über die Münchner Bohème und damit auch über die Aufenthalte Helen Hessels in Bayern recherchiert und geschrieben. Sie ist im Besitz von Briefen und Tagebüchern, Originale, die Stéphane Hessel ihr überließ.

Ulrike Haage, Pianistin und Komponistin, produziert seit einigen Jahren sehr erfolgreiche künstlerische Porträts fürs Radio, komponierte Hörspiele, denen Biografien spannender Persönlichkeiten als Ausgangspunkt dienen.

Nahaufnahme: In der Zusammenarbeit von Autorin und Komponistin konnte also, auf der Grundlage der veröffentlichten und privat vorhandenen Aufzeichnungen, ein Porträt entstehen, das mehr als ein Bericht über das Leben Helen Hessels ist.

Denn außerordentlich vielfältig sind die Darstellungsformen ihres Tagebuchs: in lebendiger, fast sprunghafter Abfolge gibt es Zeichnungen, Diagramme, Auflistungen und Dialoge in Englisch, Deutsch und Französisch. Dieses Journal war wie geschaffen dafür, ein Hörspiel werden, ein Vorfilm zu „Jules und Jim", den nur sie, Helen Hessel, gesehen hat: eine exakte Vision. Das Hörspiel bindet die Elemente des Tagebuchs als Spiel- und Soundelemente in ein filmisches Szenario ein und lässt uns, in freier Assoziation zur Stummfilmzeit des Kinos der Zwanzigerjahre, mit einer Klavierkomposition Helen Hessels Gedanken verfolgen: darüber, wie es hätte sein können, wie es hätte sein sollen und wie es war.

Barbara Schäfer, BR Hörspiel und Medienkunst

Henri-Pierre Roché

Helen Hessel

Franz Hessel

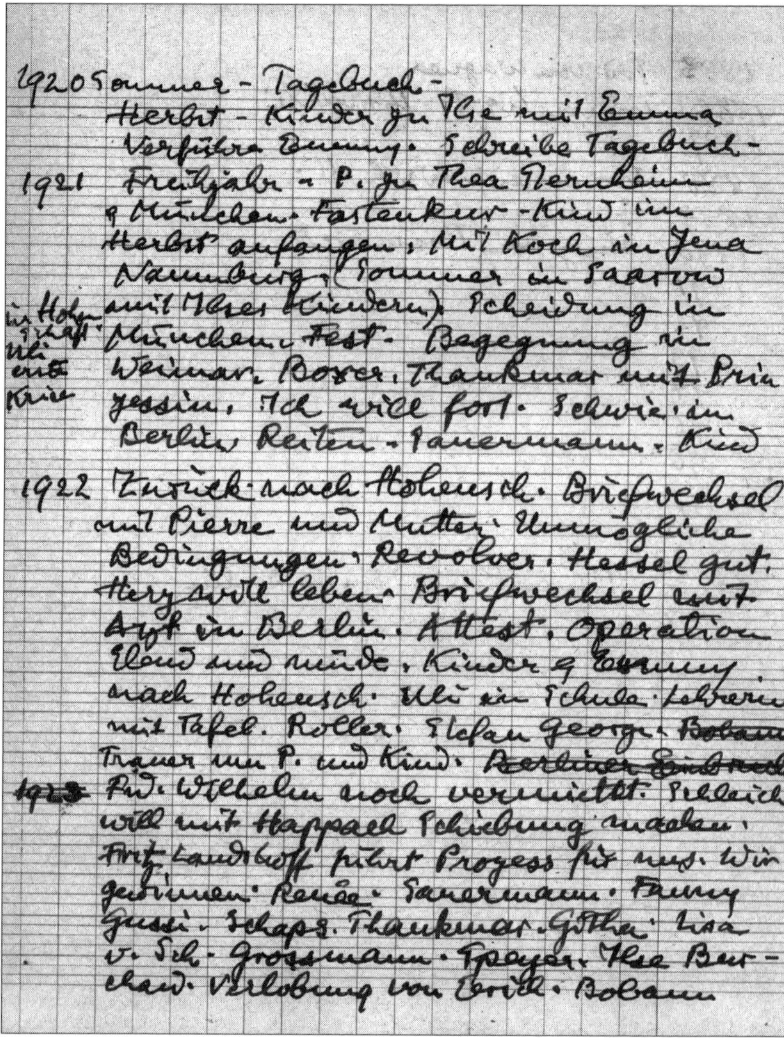

1920 Sommer – Tagebuch –
Herbst – Kinder zu Ilse mit Emmy
Verführe Emmy. Schreibe Tagebuch –
1921 Frühjahr – P. zu Thea Sternheim
q München. Fastenkur – Kind im
Herbst anfangen; Mit Koch in Jena
Naumburg. (Sommer in Saarow
mit Ilses Kindern). Scheidung in
München. Fest. Begegnung in
Weimar. Boxer. Thankmar mit Prin-
zessin. Ich will fort. Schwie. in
Berlin. Reiten – Sauermann – Kind
1922 Zurück nach Hohensch. Briefwechsel
mit Pierre und Mutter. Unmögliche
Bedingungen. Revolver. Hessel gut.
Herz will leben. Briefwechsel mit
Arzt in Berlin. Attest. Operation
Elend und müde. Kinder q Emmy
nach Hohensch. Uli in Schule. Lehrerin
mit Tafel. Roller. Stefan George. Bobann
Trauer um P. und Kind. ~~Berliner Eindrücke~~
~~1923~~ Pid. Wilhelm noch vermietet. Schleich
will mit Happach Schiebung machen.
Fritz Landshoff führt Prozess für uns. Wir
gewinnen. Renée. Sauermann. Fanny
Gussi. Schaps. Thankmar. Götha. Lisa
v. Sch. – Grossmann. Speyer. Ilse Bur-
chard. Verlobung von Erich. Bobann

(Randnotiz: in Hohensch. Uli mit Kind)

~~Verlust der Lisa. Verrat. Karikatur. Die Erbsen~~
~~und Karottenbluse. Liegenpilter. Leni Böttcher~~
~~Die ähnliche. Oblate. Soldaten mit Strick-~~
~~mädeln.~~

Herr. Mist. Schlachten. Kirchhof.
Bernhard. Fest mit Tanz. Die tote
Lotte. Malerei - Sterne im Glatteis.
Kühe melken. Schafe zählen - Korn
zur Mühle. Lauspferd. Vergewaltigt.
Angst im Wald. Bei polnischen Nach-
barn. - Unerträglich. Liebe und
Freundschaft. Weihnachten in
1926 Hohenschäftlarn - Emma und Eli!
Mein Kadi, ewiger Jude. Der Acker.
Branca und Bobaum. Das Atelier
Gisela Str. Bobaums Popularität in
München. Kunstgewerbe ~~Operation~~
Schlesien. Gut von Röthel. Milieu im-
possible. Oddo! Gebet, Süssmäulchen.
Karotten. Holz messen. Im Hosen!
Clice Nachbarn. Erfolge - Verzweiflung.
Berlin - Tannenmann empfiehlt Langen - Stein-
keller. Zu Besuch. Räucherkammer.
Bettszene. Wildschwein schiessen.
Die Sau und ihre Jungen. Kronprin-
zessin. Kurassier. Bonner Borusse -
Erich auch aufs Land. Graf Luckner
Begegnung mit Adolf Linné. Graf Kayser-
linck. Einsame Reisen nach Hol-
stein. Netzebruch. Nichts zu verkaufen.
Découragée. München. Operation bei
Sauerbruch.

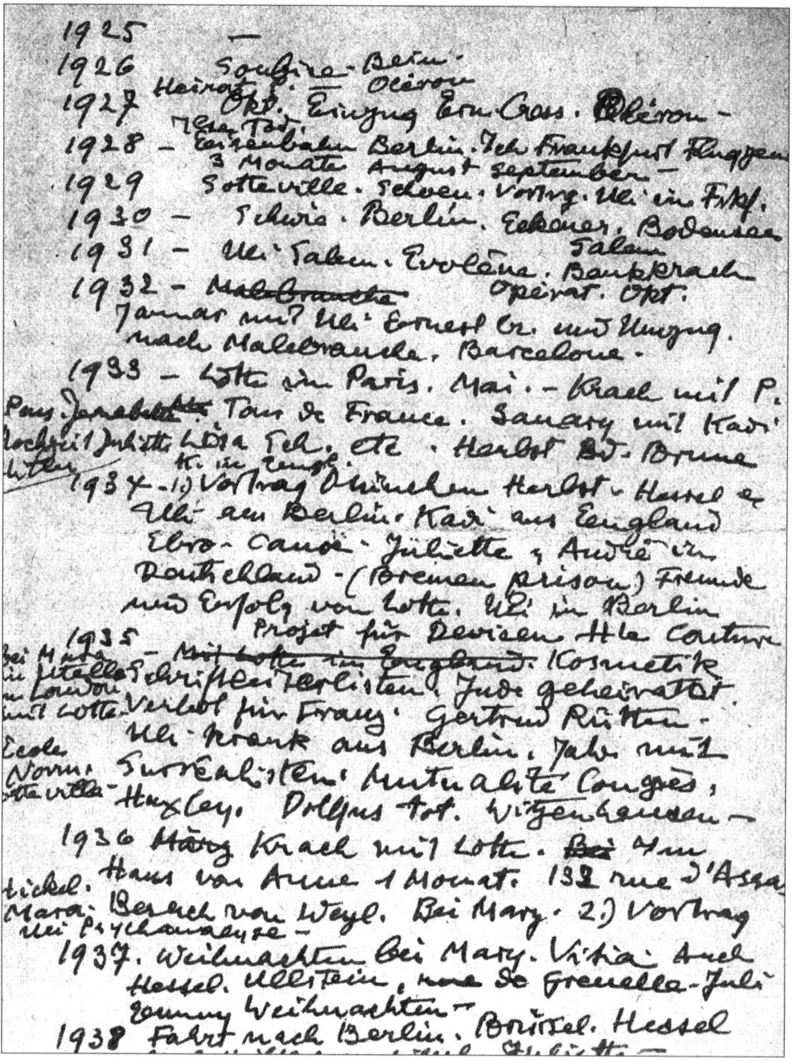
1925 —
1926 Soufrière-Bern.
Heirat F. Oléron
1927 Okt. Einigung Ern. Cass. Oléron —
Mea Tod.
1928 — Eisenbahn Berlin. Ich Frankfurt Flugzeug
3 Monate August September —
1929 Sotteville. Schwan. Vortrag. Uli in Ffkf.
1930 — Schwär. Berlin. Eckener. Bodensee
1931 — Uli Salem. Evolène. Salem. Bankkrach
1932 — ~~Malebranche~~ Opérat. Okt.
Januar mit Uli Ernest Cr. und Umzug
nach Malebranche. Barcelone.
1933 — Lotte in Paris. Mai. — Krach mit P.
Pony. ~~Janabelle~~ Tour de France. Sanary mit Kadi
Hochzeit Juliette Lotsa Tel. etc. Herbst Bd. Bruno
1934 — 1.) Vortrag München Herbst. Hessel &
Uli aus Berlin. Kadi aus England
Ebro-Canoë. Juliette & André in
Deutschland. (Bremen prison) Freunde
und Erfolg von Lotte. Uli in Berlin
Projet für Devisen. H la Couture
1935 — ~~Mit Lotte in England~~. Kosmetik
Bei Mara in Italien in London mit Lotte
Schriftsteller listen. Jude geheiratet.
Verbot für Frau. Gertrud Rütten.
Uli krank aus Berlin. Jahr mit
Ecole Norm. Sotteville
Surrealisten. Mutualité Congrès.
Huxley. Dollfus tot. Witzenhausen —
1936 März Krach mit Lotte. ~~Bei~~ Im
Hickel. Haus von Anne 1 Monat. 132 rue d'Assas
Mara. Besuch von Weyl. Bei Mary. 2.) Vortrag
Uli Psychoanalyse —
1937. Weihnachten bei Mary. Vitia. Auch
Hessel. Ullstein, rue de Grenelle - Juli
Sommer Weihnachten —
1938 Fahrt nach Berlin. Brüssel. Hessel

1942 – Frühjahr Annabella. Kein Glück.
Suze nach England. Briefe von Knitty,
Juden- Championnat Romney. Operation Bou-
jagd. Goule, Uli beim Bäcker. Theaterstück.
Entfern- Nov. Occup. allemande. Vorher schon
dung démarches. Toulon. II Bureau. Gaulliste
Murat – Dezember Abfahrt nach Thonon.
Toulon. Lyon Schweizer Gesandtschaft.
An Knitty. Annecy. Megève. André
Deutsche Germain. Hotel de France. Winter im
Hotel de Paris. Nachricht Tod [illegible]
Aug. 1941
1943 Miela bringt Dora. Uli [illegible].
Viele Mai Macheron. Markus.
Italiener März Schweiz und zurück
Februar Razzia in Thonon.
Papier jusqu'à la fin des hostilités
Dora viel. Cotte. In [illegible] weil
Bande Marseillaise. Henriette zur
Kur. Verkauf der Möbel. Kein Geld.
November Montjoux. Uli bei Morel.
1944 Mai Brief von Knitty. 3 und 4 Juni
Knitty in Montjoux – 7. Juni Holen
nach Paris. 13 Juli Abfahrt, ankom-
me 17 Juli. 11 Aug. Uli arrêtiert
St. Jean et Montjoux. Auf. Sept. frei
14 Okt. Karte von Jeanne. 18 oct. Fahre
nach Paris, Oulaine bei Lyon. Pancho

Tango d'Helen
mp.
H- natural
H- harmonic
H- b9 (E- harm.)
E -
(F#) H- harmonic
H- natural
(F#)
(D)
(H-)
(D)
(H-)
f (C) (GANZton)
(C)
rit.
mp

Visions d' Helen (L'eau)
A
frei
8va...
B
acc.
rit.

Ulrike Haage / Ulrike Voswinckel

Exakte Vision. Helen Hessels „Jules & Jim“

Text: *Ulrike Voswinckel*

Komposition: *Ulrike Haage*

Stimmen:

Helen	*Meret Becker*
Franz	*Andreas Grothgar*
Pierre	*Tonio Arrango*
Fanny	*Judith Engel*
Koch	*Mathias Matschke*
Bobann	*Katharina Franck*

Flügel, Schreibmaschine und Elektronik: *Ulrike Haage*

An den Klangskulpturen: *Meret Becker*

Gesang: *Meret, Katharina, Judith, Mathias*

Tonaufnahmen: *Jonas Bergler*

Assistenz: *Philippe Bruehl*

Realisation: *Ulrike Haage*

Alle Studioaufnahmen @u-exit und bergler-audio

Produktion: Bayerischer Rundfunk

Hörspiel und Medienkunst 2004

Besetzung: *Andrea Fenzl*

Dramaturgie, Redaktion: *Barbara Schäfer*